GRANDES PERSONAJES EN LA HISTORIA DE LOS ESTADOS UNIDOS

JESSE JAMES

LEGENDARIO BANDIDO DEL OESTE AMERICANO

KATHLEEN COLLINS

TRADUCCIÓN AL ESPAÑOL:
TOMÁS GONZÁLEZ

The Rosen Publishing Group, Inc.
Editorial Buenas Letras™
New York

Published in 2004 by The Rosen Publishing Group, Inc.
29 East 21st Street, New York, NY 10010

First Spanish Edition 2004
First English Edition 2004

Cataloging Data

Collins, Kathleen.
[Jesse James : Spanish]
Jesse James : Legendario bandido del oeste americano / Kathleen Collins.— 1st ed.
    v. cm. — (Grandes personajes en la historia de los Estados Unidos)
Contents: Jesse James's early life — Jesse James and the James Gang — Wanted, dead or alive — The end of a famous outlaw — Making of a legend.
ISBN 0-8239-4136-1 (library binding)
ISBN 0-8239-4230-9 (pbk.)
6-pack ISBN 0-8239-7592-4
1. James, Jesse, 1847-1882—Juvenile literature. 2. Outlaws—West (U.S.)—Biography—Juvenile literature. 3. Frontier and pioneer life—West (U.S.)—Juvenile literature. 4. West (U.S.)—History—1860-1890—Juvenile literature. 5. West (U.S.)—Biography—Juvenile literature. [1. James, Jesse, 1847-1882. 2. Robbers and outlaws. 3. Frontier and pioneer life—West (U.S.) 4. West (U.S.)—History—1860-1890. 5. Spanish language materials.]
I. Title. II. Series: Primary sources of famous people in American history. Spanish.
F594.J27C65 2004
364.15'52'092—dc21

Manufactured in the United States of America

Photo credits: Cover Hulton/Archive/Getty Images; p. 5 Library of Congress Prints and Photograph Division, HABS,MO,11-SAJOE,9-1; pp. 7, 14, 23, 27 Library of Congress Prints and Photographs Division; pp. 8 (X-22139), 9 (X-22154), 15 (X-21822) Denver Public Library, Western History Collection; p. 11 © Bettmann/Corbis; pp. 12, 13 Collection of David Carroll; p. 17 courtesy of Northfield Historical Society, Northfield, MN; p. 19 courtesy of Missouri State Archives; p. 21 courtesy of State Historical Society of Missouri, Columbia; p. 25 © Corbis; p. 29 Center for Popular Music, MTSU.

Designer: Thomas Forget; Photo Researcher: Rebecca Anguin-Cohen

CONTENIDO

1 PRIMEROS AÑOS DE JESSE JAMES

Jesse James nació en Misuri el 5 de septiembre de 1847. Su padre, Robert James, fue sacerdote y granjero. Robert murió en 1851. In 1857, Zerelda, madre de Jesse, se casó con Reuben Samuels, que era médico y granjero. Jesse y su hermano mayor, Frank, se criaron en una granja.

¿SABÍAS QUE...?

De niños, los hermanos James eran buenos y honrados. Trabajaban duro en la granja. Asistían a la iglesia los domingos y se portaban bien. Le tenían lealtad a su familia.

De joven, Jesse James vivió junto con su familia en la esquina de la calle 12 y la avenida Michell, en el pueblo de St. Joseph, Misuri. Ésta es la fotografía de su casa.

Cuando Jesse James tenía dieciséis años de edad estalló la Guerra Civil. Esta guerra, que empezó en 1861 y terminó en 1865, fue muy sangrienta. A veces los amigos se mataban porque pertenecían a bandos diferentes. Los padres de Jesse eran del bando del Sur, o confederados. Jesse y su hermano también estaban a favor de los confederados.

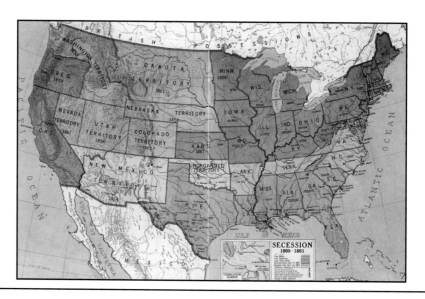

Mapa realizado por Albert Bushnell Hart que muestra la división de Estados Unidos durante la Guerra Civil. Al bando del Norte se le llamó "la Unión", al del Sur, "la Confederación".

Foto de 1862 donde aparecen soldados de La Unión en las montañas Elk de Maryland durante la batalla de Antietam. En este tipo de estaciones los soldados ponían banderas para informar sus planes a los otros soldados de su ejército.

Durante la Guerra Civil, la casa de James fue atacada por el bando del Norte. Esto enojó mucho a Jesse, quien decidió convertirse en bandido. En 1862, Jesse y Frank se unieron a una banda de rebeldes confederados de Misuri y Kansas. Atacaban granjas y pueblos que apoyaban al ejército del Norte.

"LOS JINETES DE QUANTRILL"

Frank y Jesse se unieron a la pandilla de William Clarke Quantrill conocida como "los Jinetes de Quantrill". William Clarke nació en 1837 en Ohio y murió en 1865. Su banda aterrorizó a mucha gente. Ésta es la fotografía de Quantrill.

Jesse James y su hermano Frank posaron para esta fotografía entre 1866 y 1876. La foto se tomó en el estudio de un fotógrafo, igual que el retrato de Quantrill que aparece en la página 8.

2 JESSE JAMES Y SU PANDILLA

En 1866, Jesse y Frank formaron su propia pandilla. Un rebelde confederado llamado Cole Younger y sus hermanos se unieron a los hermanos James. Se la llamó la "Pandilla de los James" y tenía alrededor de doce miembros. Jesse era su líder. Robaban y mataban gente en varios estados, entre ellos Iowa, Alabama y Texas.

¿SABÍAS QUE...?

Durante la Guerra Civil, Frank y Jesse pertenecieron a otra pandilla dirigida por un hombre llamado Bloody Bill Anderson o el Sangriento Bill Anderson. Bloody Bill formó su pandilla en la primavera de 1863 y murió a manos de los federales en 1864. Los Jinetes de Quantrill y los Rebeldes de Bloody Bill atacaban a soldados de la Unión y a pueblos que se oponían a la esclavitud. Se convirtieron en renombrados bandidos.

Cole Younger nació en el condado de Jackson, Misuri, en 1844. En 1876, Cole y dos de sus hermanos, James y Robert, fueron capturados después de robar un banco en Minnesota.

El 13 de febrero de 1866, Jesse y Frank asaltaron un banco en Liberty, Misuri. Robaron miles de dólares y mataron a un transeúnte. Muchos dijeron que ése había sido el primer robo de banco de la historia realizado a la luz del día. La Pandilla de los James se hizo famosa en todo el país y se escribieron cuentos y canciones sobre ella.

Jesse James *(derecha)* y Belle Star. Sólo se conocen alrededor de 25 fotografías de Jesse. Belle Star no era parte de la pandilla, pero ayudaba a James.

En estas tarjetas nunca antes publicadas aparecen Jim Younger *(arriba)* y su hermano Cole *(abajo)*, miembros de la Pandilla de los James. A finales de la década de 1800, estas tarjetas "de gabinete", se usaban como tarjetas de presentación. En 1866 comenzaron a usarse retratos.

La Pandilla de los James siguió robando oro y dinero de las diligencias, las tiendas, los bancos y la gente, desde Iowa hasta Alabama y Texas. El 21 de julio de 1873 asaltó por primera vez un tren, de la línea *Rock Island Railroad*, en Adair, Iowa. Los miembros de la pandilla dedicaron sus vidas al crimen durante más de quince años.

La línea de trenes *Rock Island Railroad* fue la primera que unió a Chicago con el río Misisipí. Ésta es una foto de la locomotora No. 659, en Valley Junction, Iowa, 1924.

En la década de 1800 se utilizaban diligencias para transportar a la gente a los lugares donde no llegaban los trenes. En esta foto aparecen mujeres y niñas en una diligencia en Colorado. Muchos bandidos, como Jesse James, asaltaban las diligencias y robaban a los pasajeros.

3

SE BUSCA:
VIVO O MUERTO

El 7 de septiembre de 1876, la Pandilla de los James robó un banco en Northfield, Minnesota. Muchas personas murieron durante el robo. Tres miembros de la pandilla fueron capturados y encarcelados de por vida. Sólo Jesse y Frank James escaparon. Después del robo, los hermanos se ocultaron en Nashville, Tennessee, durante más de tres años.

Ésta es una de las primeras imágenes del interior del *First National Bank*, construido en 1868 y que fue robado por la Pandilla de los James. En 1975, la *Northfield Historical Society* de Minnesota compró el edificio, que es hoy museo.

REWARD!
- DEAD OR ALIVE -

$5,000.$\frac{.00}{x\,x}$ will be paid for the capture of the men who robbed the bank at

NORTHFIELD, MINN.

They are believed to be Jesse James and his Band, or the Youngers.

All officers are warned to use precaution in making arrest. These are the most desperate men in America.

Take no chances! Shoot to kill!!

J. H. McDonald,
SHERIFF

Después del famoso robo del banco de *Northfield*, se colocó este cartel para ayudar a la captura de los bandidos. En él se ofrecían $5.000 de recompensa. En la actualidad la policía sigue utilizando estos carteles para capturar delincuentes.

In 1880, el abogado William H. Wallace exigió el arresto de los bandidos. El gobernador Thomas T. Crittenden de Misuri ofreció $10.000 de recompensa por la captura de los hermanos James. Pagaría el dinero a quien le trajese a los hermanos, vivos o muertos.

EL VIOLENTO JESSE JAMES

Jesse James fue un bandido muy violento. Incluso asesinó a uno de los miembros de su pandilla, pues pensaba que no le era leal.

En esta carta, el gobernador Crittenden ofrece $10.000 de recompensa por la captura de los James, la recompensa más grande ofrecida hasta ese momento en los Estados Unidos.

4 EL FINAL DE UN BANDIDO

Jesse estaba viviendo en St. Joseph, Misuri, con su mujer y sus hijos. Se había casado con Zerelda Mimms el 24 de abril de 1874. Daba la impresión de que se había dedicado a vivir una vida tranquila con su familia. Sin embargo, su carrera de bandido aún no había terminado. Para no ser atrapado utilizaba el nombre de Thomas Howard.

LA SEÑORA JAMES

Zerelda Mimms nació el 21 de julio de 1845. Estuvo comprometida con Jesse durante nueve años antes de casarse con él el 24 de abril de 1874. Zerelda era prima hermana de Jesse. Tuvieron cuatro hijos de los que sobrevivieron dos: Jesse Edward y Mary Susan. Los otros dos hijos murieron. Se llamaban Gould y Montgomery.

Zerelda Amanda Mimms es famosa por ser la esposa de Jesse James. Zerelda era uno de los doce hijos de Mary (James) y John W. Mimms. Zerelda, o "Zee" como la llamaban, nació en Logan County, Kentucky.

Uno de los miembros de la Pandilla de los James se llamaba Robert Ford. Quería ganarse él solo el dinero de la recompensa que ofrecían por Jesse. También quería ser conocido como la persona que mató al famoso Jesse James. En la primavera de 1882 fue a casa de Jesse, en St. Joseph, Misuri.

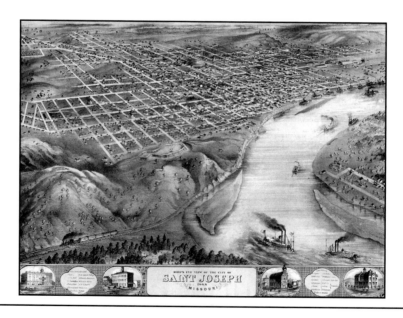

Litografía de 1868 en la que aparece el pueblo de St. Joseph, donde vivía Jesse James cuando fue asesinado. El pueblo está en las orillas del río Misuri, cerca del límite con Kansas.

Robert Newton Ford era apenas un adolescente cuando se unió a la pandilla de bandidos de Jesse James. Decía ser amigo de Jesse, pero tenía otros planes. Ford le dijo al gobernador Crittenden que capturaría a Jesse James.

Jesse invitó a su casa a Robert Ford y a su hermano, Charley, para planear otro robo en Misuri. Jesse confiaba en Ford. Incluso se quitó sus pistolas y las puso sobre una mesa. Cuando Jesse le dio la espalda, Ford le disparó y lo mató. Jesse James murió el 3 de agosto de 1882.

LA LEYENDA CONTINÚA

Se escribieron muchas canciones sobre la muerte de Jesse James. La siguiente es muy conocida:

La mujer de Jesse James
guardó luto toda la vida.
Sus hijos fueron valientes.
¡Oh, ese pequeño cobarde
que a Thomas Howard mató
y a Jesse a la tumba llevó!

Se llamaba Robert Ford
ese pequeño cobarde.
Me pregunto cómo se sentirá hoy.
Pues comió del pan de Jesse,
durmió en la casa de Jesse
y llevó a la tumba a Jesse James.

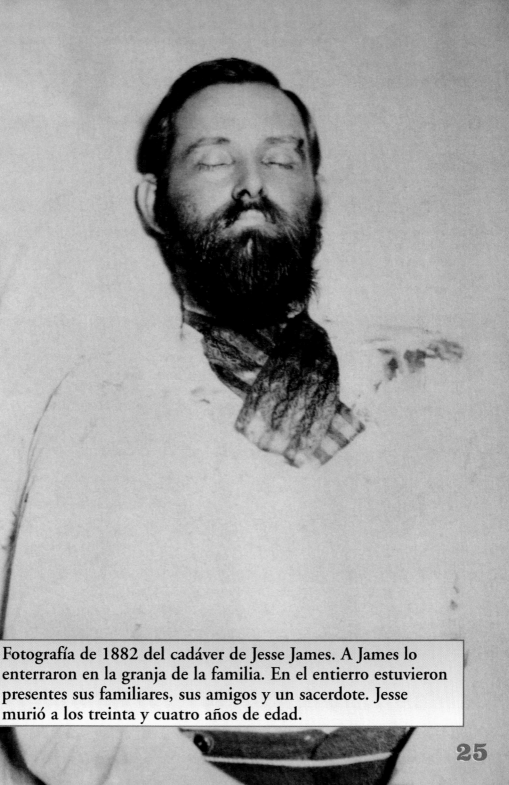

Fotografía de 1882 del cadáver de Jesse James. A James lo enterraron en la granja de la familia. En el entierro estuvieron presentes sus familiares, sus amigos y un sacerdote. Jesse murió a los treinta y cuatro años de edad.

25

EL NACIMIENTO
DE UNA LEYENDA

Al final, Robert Ford no recibió la recompensa. El gobernador Crittenden le prometió el perdón si mataba a Jesse. A Ford lo hallaron culpable de asesinato, pero el gobernador cumplió su promesa e hizo que saliera libre. Frank James se entregó a la justicia seis meses después de la muerte de su hermano Jesse.

Grabado en madera de Jesse James publicado en el periódico *Illustrated Newspaper* en 1882.

Estas fotografías de 1882 muestran algunos de los elementos de lo que se conoce como la leyenda de Jesse James: su cadáver *(centro)*; la Sra. Zerelda Samuels, madre de Jesse *(abajo a la izquierda)*; la granja de la familia *(abajo a la derecha)*; Robert Ford *(arriba a la derecha)* y su hermano, Charley *(arriba a la izquierda)*.

Muchas leyendas y canciones se han escrito sobre Jesse James y la Pandilla de los James. Algunos los consideraron héroes, porque según ellos robaban a los ricos para darles a los pobres. Pero lo más probable es que ése haya sido un mito creado por el propio Jesse. Hoy, Jesse y Frank James se encuentran entre los estadounidenses más conocidos de la historia.

QUE VIVA JESSE JAMES

Ésta es otra canción sobre Jesse James que la gente siguió cantando aún mucho después de su muerte.

Jesse James era su nombre.
Howard también lo llamaban.
A los ricos sin nada dejaba y
nadie duda que fue todo un hombre.

Esta canción, de 1911, es sobre la muerte de Jesse James. La vida de Jesse James fue tan interesante que la gente siguió escribiendo canciones sobre él mucho después de su muerte.

CRONOLOGÍA

1847—Jesse James nace en Misuri el 5 de septiembre.

1851—Muere el padre de Jesse.

1857—La madre de Jesse, Zerelda, se casa con el Dr. Reuben Samuels.

1861-1865—Se produce la Guerra Civil.

1862—Frank y Jesse se unen a la pandilla de William Quantrill.

1866—Jesse y Frank forman la Pandilla de los James. El 13 de febrero roban un banco en Liberty, Misuri.

1873—La Pandilla de los James roba un tren de la línea *Rock Island Railroad*.

1874—El 24 de abril Jesse se casa con Zerelda Mimms.

1876—La Pandilla de los James roba un banco en Northfield, Minnesota.

1879—Los hermanos James forman una nueva pandilla.

1880—El gobernador Crittenden ofrece una recompensa por la captura de los hermanos James.

1882—El 3 de abril Robert Ford mata a Jesse James. Frank James se entrega a la justicia.

GLOSARIO

abogado (-a) Persona que aconseja sobre la ley y habla en nombre de las personas en los tribunales

bandido (-a) Un delincuente, especialmente uno que escapa de la justicia.

capturar Apoderarse de alguien por la fuerza.

Confederación (la) Los once estados del Sur que se declararon independientes de Estados Unidos en 1860 y 1861.

culpable (el, la) Cuando alguien ha hecho algo que está mal.

leal Que es fiel a una persona o una idea.

mito (el) Historia que la gente inventa para explicar los acontecimientos.

perdonar Dejar de castigar a alguien que hizo algo malo.

rebelde (el, la) Persona que luchó por el Sur durante la Guerra Civil. Persona que no obedece a la autoridad establecida.

recompensa (la) Algo que obtienes por hacer una buena acción.

transeúnte (el, la) Alguien que sólo mira lo que está pasando pero no es parte de la acción.

SITIOS WEB

Debido a las constantes modificaciones en los sitios de Internet, Rosen Publishing Group, Inc., ha desarrollado un listado de sitios Web relacionados con el tema de este libro. Este sitio se actualiza con regularidad. Por favor, usa este enlace para acceder a la lista:

http://www.rosenlinks.com/fpah/jjam

LISTA DE FUENTES PRIMARIAS DE IMÁGENES

Página 5: Fotografía de la casa de Jesse James en St. Joseph, Buchanan County, Misuri. Sin fecha. Se encuentra en la Biblioteca del Congreso.

Página 7: Fotografía de soldados de la Unión en un puesto de señales durante la batalla de Antietam. Fue tomada en octubre de 1862. Se encuentra en la Biblioteca del Congreso.

Página 8: Fotografía de William Clarke Quantrill, tomada entre 1860 y 1865. Se encuentra en la Biblioteca Pública de Denver.

Página 9: Fotografía de Jesse y Frank James, tomada entre 1866 y 1876. Se encuentra en la Biblioteca Pública de Denver.

Página 11: Fotografía de Cole Younger, 1876. Se encuentra en los Archivos Bettman.

Página 12: Tarjetas de gabinete de Jesse James y Belle Star. Fecha aproximada: 1866. Colección de David Carroll.

Página 13: Tarjeta de gabinete de Jim Younger. Fecha aproximada: 1902. Tarjeta de gabinete de Cole Younger, impresa entre 1903 y 1916. Colección de David Carroll.

Página 14: Fotografía de la locomotora No. 659 de la línea Rock Island, en Valley Junction, Iowa. Se encuentra en la Biblioteca del Congreso.

Página 15: Fotografía de una diligencia en Colorado, tomada entre 1905 y 1915. Se encuentra en la Biblioteca Pública de Denver.

Página 17: Cartel en que se ofrece recompensa por la captura de un delincuente, 1876. Se encuentra en el instituto *Northfield Historical Society*.

Página 19: Carta del gobernador de Misuri, Thomas T. Crittenden, fechada el jueves 28 de julio de 1881. De los Archivos del Estado de Misuri.

Página 21: Grabado en madera de Zerelda Mimms, sin fecha. Se encuentra en el instituto *State Historical Society*, de Misuri.

Página 23: Fotografía de Robert Ford, 1889. Se encuentra en la Biblioteca del Congreso.

Página 25: Fotografía del cadáver de Jesse James, 1882, tomada por un fotógrafo llamado R. Uhlman.

Página 27: Montaje de fotografías: cadáver de Jesse James, Zerelda Samuels, la granja de la familia James, Robert Ford y su hermano, Charley Ford. Fotografías tomadas en 1882. Se encuentran en la Biblioteca del Congreso.

ÍNDICE

ACERCA DEL AUTOR

Kathleen Collins nació en Rochester, Nueva York. Es escritora e investigadora, y actualmente vive en la ciudad de Nueva York. Es aficionada a estudiar la historia de Estados Unidos y escribir sobre ella.